CONSIDÉRATIONS

SUR LA

QUESTION D'ORIENT

ESSAI HISTORIQUE

PAR LOUIS DE CLAVES

> Il ne manque à l'oisiveté du sage qu'un
> meilleur nom, et que méditer, parler, lire,
> être tranquille, s'appelât travailler....
> (LA BRUYÈRE, *Mérite personnel.*)

PARIS

GARNIER FRÈRES

6, RUE DES SAINTS-PÈRES.

—

1854

CONSIDÉRATIONS

SUR LA

QUESTION D'ORIENT

ESSAI HISTORIQUE

PAR LOUIS DE CLAVES

Il ne manque à l'oisiveté du sage qu'un meilleur nom, et que méditer, parler, lire, être tranquille, s'appelât travailler....
(LA BRUYÈRE, *Mérite personnel.*).

PARIS

IMPRIMERIE DE GUSTAVE GRATIOT

30, rue Mazarine.

—

1854

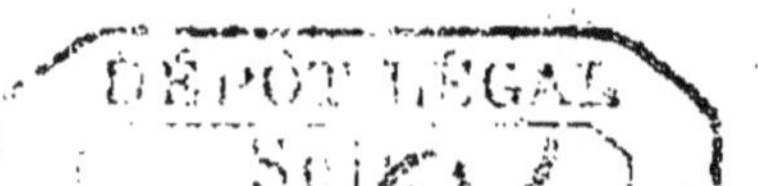

Qu'ai-je entrepris, moi, pauvre inconnu, jeune encore, et sans autre expérience, sans autre connaissance des hommes et des choses, que ce que j'en ai puisé dans les livres (et des livres même d'un nombre bien restreint!) à vingt ans à peine, je n'ai pas craint de m'aventurer ainsi, seul, sans titre, sans appui, sans connaissance, dans ce vaste et si riche domaine des lettres; bien plus encore, j'ai osé aborder la politique..... Certes, je l'avoue, c'est tout un élan de jeunesse, c'est tout l'effet d'une passion de cet âge, mais, je l'avoue aussi, d'une très-forte passion.....

Ces quelques lignes où j'ai tracé les impressions que j'ai ressenties, contemporain d'un événement qui agite l'Europe et la tient en suspens depuis bientôt un an; ces quelques pages, qui forment ce qu'on appelle un livre, ne sont qu'une bien faible esquisse d'un plus grand sujet. Assurément, c'est moins que je ne voudrais faire; et si même je n'eusse écouté que ma raison et ma conscience, je les aurais vingt fois détruites, comme trop imparfaites. Mais il est quelque autre chose en moi que je ne puis définir, que je sens, quelque chose qui m'excite, ou plutôt, qui m'entraîne et me force à les produire au jour, à les offrir au public, assez généreux, assez indulgent, je l'espère, pour ne pas les mépriser s'il les rejette. C'est mon espoir, c'est plus qu'il n'en faudrait pour me consoler......

15 Novembre 1853.

CONSIDÉRATIONS

SUR LA

QUESTION D'ORIENT

PREMIÈRE PARTIE.

Assise sur trois mers, Adriatique, Archipel et mer Noire, la Turquie occupe en Europe la position la plus belle et la plus importante. Maîtresse de l'Asie par Constantinople, elle défend l'Europe contre toute agression, contre toute invasion venue des contrées d'Orient.... En possession de Candie et de Chypre, elle relie par mer ses possessions d'Égypte et de Syrie, et peut ainsi couper toute navigation et bloquer tout le commerce de l'Asie par la mer Rouge.

Aussi, c'est surtout à cause de cette superbe position et de l'influence qu'elle peut ainsi exercer sur les intérêts politiques et commerciaux de toutes les puissances de l'Europe, qu'elle n'a cessé d'attirer leurs regards ou d'exciter l'ambition des princes voisins et limitrophes de son empire, lorsqu'elle a commencé à déchoir, à descendre au rang de puissance secondaire, et qu'elle a dès lors subi l'influence de diverses cours étrangères.

L'histoire de la Turquie pourrait donc parfaitement se diviser en deux parties, en deux périodes bien distinctes : la première, dans laquelle la Turquie, grande, forte et glorieuse, étonne l'Europe par ses victoires et l'enthousiasme de ses peuples vainqueurs, et force toutes les puissances à traiter, à capituler avec elle, ou à rechercher au moins son alliance. Cette période ne s'étend pas au delà du dix-septième siècle ; le traité de Carlowitz (1699) en marque la limite. — La seconde, dans laquelle la Turquie voit fondre sur elle toute sorte de revers et de calamités, et se voit forcée à souscrire à toute exigence, à supporter toute humiliation, grâce à l'élévation, à la consolidation des autres puissances de l'Europe, depuis peu constituées et raffermies entre elles, sur les bases du traité de Westphalie (1648), et alors en pleine voie de progrès ; cette période est la plus longue : elle a commencé vers la fin du dix-septième siècle, pour ne finir qu'avec l'empire lui-même.

Si ces deux périodes sont aussi distinctes entre elles que peuvent être dans l'histoire d'un empire les périodes de grandeur et de force, de décadence et de ruine, l'influence politique de ce peuple, dans les luttes ou les guerres qu'il a eu à soutenir avec d'autres États, n'a pourtant pas changé de nature, pendant toute leur durée ; elle n'a fait que changer de caractère. Quand elle était grande et forte, la Porte agissait comme pondératrice dans la balance politique, elle agissait alors de son propre mouvement, et ne se réglait que sur ses propres inspirations..... Quand elle a commencé à déchoir, au contraire, quand elle est devenue faible, son influence a bien toujours été regardée comme un contre-poids utile et nécessaire même, dans l'équilibre européen, mais le divan, placé dès lors sous les coups des influences rivales des puissances intéressées à la ruine ou au maintien de l'empire ottoman, les laissait forcément agir suivant leurs intérêts communs, et chacune alors s'y ménageait une part plus ou moins grande.

Une vue rapide de l'histoire de cet empire et de sa formation est donc nécessaire pour bien suivre la marche de cette politique, pour se rendre compte des pertes ou des conquêtes, des succès ou des revers qu'elle a éprouvés à diverses époques ; et surtout, pour comprendre l'état où il se trouve aujourd'hui, et sa situation actuelle vis-à-vis des puissances de l'Europe moderne. Je n'irai pas plus haut qu'au milieu du quinzième siècle, c'est-à-dire que lors de la fondation de l'empire des Turcs en Europe.

......Tout autre conquérant, moins hardi, moins entreprenant même que Mahomet II, mais dans l'état où se trouvait ce dernier, à la tête d'un peuple aussi enthousiaste de la guerre, et d'une milice aussi brave, aussi courageuse, eût certainement tenté de renverser ce fantôme d'empire d'Orient, depuis si longtemps chancelant sur des bases qu'il voyait s'affaiblir tous les jours. Il n'eût pas manqué de s'emparer d'une si brillante position, qui pouvait devenir si prépondérante et si forte, aux mains d'un peuple conquérant et guerrier, à l'égard surtout d'autres peuples bouleversés, agités en tout sens, et qui se ressentaient encore du contre-coup et de l'ébranlement des luttes et des guerres dont ils sortaient à peine ; de peuples tels, en un mot, qu'étaient alors ceux de l'Europe chrétienne.

Le fondateur de l'empire ottoman en Europe (1453) le comprit bien ; aussi, profitant des guerres et de l'affaiblissement des puissances chrétiennes, marqua-t-il lui-même, dans sa marche conquérante à travers les vastes débris de cet empire écroulé, et que personne ne pouvait plus défendre, les points qui devaient lui servir de limite ou d'appui dans la formation et l'affermissement de son nouvel empire.

A peine, en effet, Mahomet s'est-il emparé de Constantinople, qu'il court en Macédoine.... Puis il envoie un de ses généraux s'emparer du duché d'Athènes. Une ombre de l'empire grec semblait renaître et s'agiter sur les bords du Bosphore, en Asie Mineure : il y court, la disperse et renverse cet empire de Trébizonde qui ne fait qu'apparaître.... De là, il se porte ensuite vers Belgrade, d'où, à la vérité, il est repoussé, mais enfin, il avait fait connaître à ses descendants que cette place était nécessaire pour limiter et défendre son empire. Maître du côté de l'Archipel, il ne pouvait laisser une puissance ennemie avec un repaire qui l'aurait inquiété dans l'extension et l'affermissement de ses conquêtes : il arrache aux Vénitiens l'île de Négrepont.

Il savait ce que valaient les Tartares. Pour les réduire à toute impuissance, et neutraliser tous leurs mouvements, il envoie son visir s'emparer d'une place qui devait le rendre maître du côté de la mer Noire, et lui permettait alors de faire au milieu des contrées occupées par ce peuple une puissante diversion, en cas d'invasion ou d'attaque sur son nouvel empire.

Maître d'Athènes et de la Morée, il ne pouvait laisser l'autre

clef de l'Archipel, l'île de Rhodes, sans l'attaquer, sans lui faire
sentir au moins le poids de ses armes, s'il ne pouvait y établir
sa puissance..... Maître alors de ces deux points, il s'empa-
rera plus tard d'un troisième, qui protége ces deux-là : l'île de
Candie. Mais la mort ne permit pas qu'il achevât ses projets ;
repoussé devant Rhodes, il veut réparer cet échec et se consoler
de cette honteuse défaite ; il réunissait déjà de nombreuses armées, quand la mort vint le surprendre au milieu de ses prépa-
ratifs.

Mahomet avait, comme on le voit d'après ce qui précède,
ébauché l'œuvre de ses successeurs ; il leur laissait à raffermir
un empire dont il avait lui-même posé les pierres d'attente, et
qu'on ne pouvait mieux défendre, par des positions extérieures
mieux choisies. Il laissait à ses successeurs les bases de l'édifice
qu'il avait voulu élever. Tous voulurent y travailler ; chacun
d'eux presque y laissa quelque chose, qui plus, qui moins. L'empire ottoman se fonda, s'éleva alors, comme tous les autres empires, ou plutôt, il s'éleva plus rapidement, grâce à sa constitution propre, éminemment guerrière et conquérante. Il s'éleva
plus vite, mais aussi il commença à déchoir quand les empires
chrétiens terminaient à peine leur consolidation. Il se forma, il se
constitua, comme se formaient alors tous les autres États de
l'Europe moderne, tout occupée à se constituer sur de nouvelles
bases, résultat de luttes et de guerres longues et terribles, qui
agitaient les peuples depuis plus de dix siècles..... C'étaient les
derniers contre-coups de ces grandes passions de cette première
période de la civilisation moderne, qui se rattachait à Jésus-Christ
et aux premiers mouvements des peuples barbares, et qui venait
de se clore après seize siècles de durée..... Une aurore nouvelle
et pure, plus sereine que jamais, se levait alors sur les peuples,
et venait éclairer de ses feux cet immense chaos, ces vieilles ruines
de tout un monde étouffé sous la barbarie, précieux débris que
l'Église nous avait conservés, qui allaient s'animer au premier
souffle, produire dans un premier élan de nouveaux chefs-d'œuvre
dans toutes les branches de l'activité humaine, et enfanter un
nouvel ordre de choses. L'âge héroïque, l'âge guerrier, l'âge des
grandes passions, des fortes agitations, des grands bouleverse-

ments était passé pour l'Europe chrétienne ; les peuples se façonnaient alors à des lois nouvelles, plus sages, plus régulières, à des lois qu'ils ne devaient briser que plus tard, quand elles ne pourraient plus suffire à leurs besoins propres, quand elles ne seraient plus en harmonie avec leurs nouvelles aspirations. Alors (xviiie siècle) se terminait la seconde période de la marche générale de tous les peuples dans la civilisation moderne.

Les populations nouvelles, ces peuples, ces nations issues du mélange des peuples du Nord et du Midi, depuis si longtemps agitées, bouleversées en tous sens et de toutes les manières, se rassayaient et tendaient à s'affermir, à se grouper naturellement autour de divers centres communs, qui étaient comme les pivots autour desquels ils devaient graviter pour se laisser ainsi aller en pleine sécurité au courant de la civilisation moderne, plus éclairés, plus instruits, plus sages, et mûris par une expérience si longue et si forte.

La raison, la philosophie, les lettres, les lumières nouvelles enfin, qui brillaient alors pour la première fois, obscurcies depuis tant de siècles, allaient, dans les empires chrétiens, prendre la place des luttes et des guerres des âges précédents ; aussi tout peuple nouveau, conquérant et guerrier, qui se placerait au travers du courant de la civilisation moderne, ou qui essayerait d'en arrêter la marche, devait tôt ou tard succomber.... Tout État essentiellement ami de la guerre, tout État qui ne pouvait que grandir et s'affermir par de nouvelles conquêtes, par de nouveaux succès, pouvait, à la vérité, obtenir quelques succès, quelque gloire, en raison de l'ascendant que lui donnerait la forte constitution d'un pouvoir absolu, d'un pouvoir concentré, déterminé, fixe, sur tout autre État, avec un gouvernement encore incertain, ondoyant et divers ; mais ces succès devaient bientôt finir, cette gloire ne devait être qu'éphémère ; car enfin cet État avait à lutter contre de nouvelles puissances, la raison, l'esprit, les lumières nouvelles, que n'a jamais atteint le glaive et auxquelles il n'avait à opposer qu'une énergie sauvage et guerrière, qui s'affaiblissait pourtant tous les jours, et s'obstinait de plus en plus à mépriser, à refouler loin des peuples qu'elle animait, toute influence de ce genre.

Telle a été la destinée de l'empire ottoman, toute son histoire est dans son élévation aussi brillante que rapide, et qui étonna à si bon droit et subjugua l'esprit des peuples d'alors. Ils semblaient, dans leur sentiment instinctif et naturel du bien ou du mal, pressentir déjà la ruine fatale de cet empire, qu'ils ne comprenaient pas, mais qu'ils condamnaient au milieu même de son plus haut période de grandeur et de gloire, par certaines prophéties [1], véritable expression de leurs sentiments à cette époque. Ils conviaient déjà tous les peuples chrétiens à un nouveau banquet sur ces terres qu'ils devaient conquérir et que l'encens de l'Église devait purifier ; c'était une manière de marquer leur réprobation et leur haine, tout en flattant leur espérance de recouvrer un jour ces terres qu'ils n'avaient pu défendre.

Cet empire, pourtant, devait avoir une durée assez longue ; mais après sa période de gloire et de grandeur, d'ailleurs très-courte, il ne pouvait que déchoir d'une manière sensible, et chaque jour alors devait accroître sa faiblesse.

Et, en effet, l'élan imprimé par Mahomet à son peuple fut assez fort pour se manifester encore sous ses successeurs, et comme entraîner les sultans qu'une humeur pacifique où le goût des plaisirs aurait laissés tranquilles à leur cour, au milieu du harem, affranchis des soucis, des travaux de la guerre et du gouvernement. Les Turcs sont de nouveau secondés, et avec autant de succès, dans leur ardeur belliqueuse et conquérante, après Mahomet, surtout par Soliman ; mais là devait être le terme de leurs victoires, là devaient s'arrêter leur grandeur et leurs conquêtes. Après ce dernier, prince illustre, éclairé, et guerrier redoutable, les armées turques, toujours animées de leur même furie de conquêtes, et ne trouvant plus de prince qui pût seconder leurs aspirations et entretenir cette fougue de combats qui les animait, commencent à faire sentir à l'empire leur funeste influence : la lâcheté des princes, et, d'un autre côté, la consolidation toujours croissante des puissances chrétiennes, en rendant plus difficiles les triomphes et impossibles à la race d'Osman de nouvelles conquêtes, faisaient aux armées turques

---

[1] Bayle, *Dict. crit.*, art. MAHOMET ; JEAN DES MARETS,..... etc.

tourner contre elles-mêmes et l'empire des armes qu'elles ne pouvaient retenir inactives dans leurs mains. On voit dès lors se développer dans l'intérieur de l'empire les germes, les premiers symptômes de décadence : les troupes se révoltent contre les sultans lâches et amollis qui ne peuvent les occuper, et ceux-ci, de plus en plus découragés par les défaites et les revers, et d'ailleurs peu confiants en des troupes toujours prêtes à se révolter, et voyant ainsi s'accroître fatalement leurs maux, se complaisent *religieusement* dans cette funeste résignation, s'adonnent alors de plus en plus à de honteux repos, se livrent tout entiers aux plaisirs du harem, et attendent ainsi qu'une révolte de janissaires vienne les arracher à cette indolence coupable et les précipiter du trône dans une prison où ils doivent finir.... non, d'où peut-être même ils seront encore portés sur le trône. Telle est dans cet empire la marche de la civilisation, ou plutôt la marche des siècles ; il fut toujours soumis, comme on le voit, à cette double et également funeste alternative : sous un prince faible et corrompu, à la colère, à l'indignation, au ressentiment des janissaires ; — sous un prince ami des conquêtes et assez sage, aux intrigues du sérail qu'il oubliait, qu'il fréquentait peu.... C'est ainsi que nous arrivons jusqu'à Mahomet IV, au règne duquel il faut nous arrêter un instant.

Le règne de ce prince est, on ne peut en douter, l'époque à la fois la plus intéressante, la plus terrible et la plus curieuse de l'histoire de l'empire ottoman ; c'est le vrai point de partage qui marque dans la marche de cet empire la fin de ses succès et le commencement de ses revers, de ses malheurs ; c'est la première période de sa ruine. Les signes de décadence s'étaient déjà fait sentir sous le règne le plus brillant qu'eussent eu les Turcs, le seul rival en gloire de ce dernier, celui de Soliman : tous les ferments de discorde déposés dans son sein, toutes les causes de ruine, tous les vices de l'administration et du gouvernement, contenus par la main ferme et vigilante de Soliman, comme son glaive et son courage avaient retenu et raffermi les conquêtes de ses prédécesseurs, portaient déjà leurs premiers fruits. Tous les maux intérieurs qui rongent cet empire et les dangers extérieurs qui le menacent, depuis qu'il n'a plus pu conquérir, depuis qu'il n'a pu que se maintenir au milieu des États voisins ou limitrophes, éclatent et se font alors ressentir.

Les premières années du règne de Mahomet IV furent pourtant glorieuses pour l'empire et pour lui-même. La dignité de grand-visir venait d'échoir à une famille illustre, qui devait rendre de si grands services à l'empire, aux Kiupruli, qui semblèrent vouloir le retenir sur le penchant de sa ruine, qui, du moins, le rendirent capable de résister aux dangers qui allaient l'assaillir, et le défendirent s'ils ne purent le sauver.

La maison d'Autriche, occupée alors à lutter contre la France, offrait à la Turquie une occasion favorable pour être attaquée : Mehemet Kiupruli n'y manqua pas. Il eut soin de s'attacher les Hongrois, lassés du joug intolérable de l'Autriche; à leur tête était le célèbre et brave Tékéli, ce héros de l'indépendance hongroise, digne d'une fin plus glorieuse.... Les succès des deux peuples réunis étaient complets. Les Turcs étaient déjà sous les murs de Vienne, quand l'Europe s'alarme. La France envoie aussitôt des secours à Léopold, qui livre alors (1664) la fameuse bataille de Saint-Gothard, où il reste vainqueur. Refoulés de l'Occident, les Turcs, heureux de se voir confirmés leurs nouvelles conquêtes et leur protectorat sur la Hongrie, signent avec l'empereur, heureux aussi de voir son empire tranquille sur ses frontières occidentales, pendant qu'il guerroyait ailleurs, une trêve de vingt-cinq ans. Se portant ensuite vers le Nord, dans l'Ukraine, ils arrivent aux frontières de la Pologne, livrée alors aux plus funestes dissensions, s'emparent de Kamienec, et imposent au roi Michel le traité de paix de Buczag (1672)..... Mais là devaient s'arrêter leurs succès. Sobieski, alors trop occupé, ne pouvait rien contre les ennemis du dehors, ou du moins il ne pouvait réussir encore à apaiser les troubles intérieurs, à faire entendre à cette noblesse altière et turbulente la voix de la patrie, qui les appelait tous à la défense commune : c'était alors assez pour lui de chercher à sauver sa tête, mise à prix par ce prince cruel, lâche et jaloux, qui avait signé à Buczag. Mais dès qu'il fût élu roi, dès qu'il eut succédé à Michel, alors l'heure fatale sonna pour les Turcs; leur empire allait essuyer les coups les plus terribles qu'il eût encore ressentis. Sobieski n'avait pas plutôt vengé l'affront de son peuple, que Léopold, tranquille désormais du côté de la France, avec qui il vient de signer la paix à Ryswik (septembre 1697), cherche aussi à recouvrer les pays qu'il a dû céder, quand il ne pouvait les défendre, et à recueillir les fruits de nombreux succès que ses embarras lui avaient fait négliger.

.....Pierre le Grand était monté sur le trône en 1682, et quinze ans de règne lui avaient suffi pour élever son peuple, à demi-barbare, au degré de gloire et de puissance des autres peuples de l'Europe..... Maître des bords du Dniester, et pouvant aborder aux rives de la mer Noire, il ne pouvait que songer à y voguer en sûreté et chercher à s'assurer en même temps des frontières de son empire. — La Pologne, qui n'avait pas encore recouvré toutes ses terres, cette noblesse surtout, si follement orgueilleuse et si fière, n'aspirait qu'à une vengeance éclatante. — Venise aussi, de son côté, qui se voyait toujours traquée sur les mers, et qui avait à recouvrer des possessions qu'elle venait de perdre, Venise, aussi, était prête à marcher contre les Turcs..... Une si belle occasion et de si favorables conjonctures ne pouvaient échapper au cœur envenimé de Léopold; aussi, à peine a-t-il signé la paix à Ryswik, qu'il s'adresse à toutes ces puissances pour former une vaste coalition dans laquelle il doit envelopper l'empire ottoman, pour l'assaillir de tous côtés..... Cette fameuse ligue aboutit à la bataille de Zenta (1697), où pour la première fois les Ottomans reculent devant toute l'Europe soulevée contre le torrent qui menaçait de l'engloutir. Cette bataille désastreuse achève de convaincre ce peuple de son impuissance contre ses ennemis réunis, et l'amène à signer le traité de Carlowitz (1699), qui consacrait pour ainsi dire le démembrement de son empire, et était en quelque sorte un acte de discrédit et d'impuissance à se maintenir encore en Europe. Il faut, en effet, qu'un peuple soit bien faible, un empire bien affaissé sur lui-même, et incapable de la moindre résistance, pour se résigner ainsi à signer un acte qui, seul, ajoute encore à sa faiblesse dans l'esprit des peuples, d'ailleurs si faciles à émouvoir.

La Turquie, en effet, comme surtout tous les États soumis au régime despotique, n'a réellement commencé à déchoir que lorsqu'elle a reculé ses frontières, et elle ne les a reculées que lorsque, attaquée par les peuples voisins de son empire, elle n'a pu se défendre contre eux : or elle n'a cédé des provinces qu'au traité de Carlowitz; c'est de là, de là seulement que date donc le premier démembrement et la ruine de son empire...

Un peuple, en effet, peut bien renfermer en son sein des causes de décadence et de ruine, il peut bien nourrir des ferments de discorde et de haines intérieures qui le minent sourdement et l'affaiblissent chaque jour davantage; il se dégrade alors, s'énerve et s'affaisse sur lui-même. S'il a l'esprit guerrier, il le perd, son ardeur s'émousse, les révolutions intérieures affaiblissent sans cesse le trône et le pouvoir; mais si les attaques extérieures ne l'ébranlaient pas, si les ennemis du dehors ne détachaient pas de cet édifice chancelant des pierres près de tomber, le colosse ne s'écroulerait pas de longtemps encore..... C'est la marche inévitable et fatale de tous les empires en décadence, et cette marche est la même pour tous, car tous périssent par les mêmes causes plus ou moins diversifiées. Qu'on relise l'histoire, qu'on l'étudie, et l'on en sera convaincu : on verra que cette marche affecte une certaine régularité; on verra qu'il en est toujours ainsi, à moins que ce ne soit quelque empire subitement élevé par la force et le génie d'un homme extraordinaire, ou par tout autre habile à profiter de certains événements, de certaines conjonctures, de circonstances qui le favorisent; s'il en est ainsi, l'empire alors tombe et disparaît aussi vite qu'il s'est élevé, et n'a pas une vie plus longue que celle de son fondateur; il ne saurait survivre aux passions qui l'enfantent.

Un empire entré dans cette voie de décadence ne peut plus en être écarté. Il aura dans le cours orageux de ce qui lui reste encore à vivre quelques lueurs de gloire, quelques retours de prospérité, qui retarderont peut-être le moment inévitable, mais qui ne sauraient l'en garantir : il n'est pas donné à un seul homme de vaincre, de terrasser les effets des passions de mille autres.

Certes, les grands hommes n'ont pas manqué en Turquie pendant surtout les premières années de sa décadence, qui commence précisément, comme nous l'avons dit, à l'époque où toutes les autres nations de l'Europe s'asseyaient et rentraient chacune dans leurs cercles respectifs plus fortes, plus tranquilles que jamais. Le traité de Westphalie, cet acte si célèbre, qui réunissait pour la première fois tant de peuples en guerre depuis seize siècles, ce *code des nations*, comme on l'a surnommé, venait de régler pour la première fois les droits et les devoirs respectifs de ces peuples à l'égard de tous et de chacun en particulier... Certes, dis-je, la famille des Kiupruli pouvait bien être opposée à ce que l'Europe avait de grand et d'illustre; pourtant il fallut céder : l'empire dut succomber malgré les luttes et les efforts qui durèrent pendant cinquante ans; le Sublime empereur dut enfin se résoudre à signer, aux yeux de l'Europe étonnée, l'acte important qui consacrait la décadence de son empire et détruisait ou du moins ébranlait cette puissance morale, si nécessaire à conserver aux yeux des peuples, cette puissance qui faisait regarder encore le peuple turc comme un peuple invincible : l'empire ottoman capitulait avec toute l'Europe que, peu d'années auparavant, il regardait comme une proie facile et assurée [1].

Rien dès lors n'arrête plus l'empire des Turcs dans sa décadence; eux-mêmes semblent courir avec une certaine furie audevant de leur ruine et l'accélérer par tous les moyens possibles. Chaque malheur en amène un autre; chaque calamité qu'on voudrait écarter, chaque humiliation qu'on voudrait venger, les entraînent fatalement à d'autres plus terribles encore; tous ces efforts ne les affaiblissent que davantage, et la vue de leurs maux, jointe à l'impuissance de les éviter, de les réparer, ébranle chaque jour en ce peuple cette confiance en lui-même sans laquelle on ne peut, on ne saurait plus rien faire de grand ni de durable.

La période écoulée depuis la conclusion du traité de Carlowitz (1699) jusqu'à la conclusion du traité de Kaïnardji (1774), ou mieux encore jusqu'à l'avénement de la grande Catherine (1762), offre un certain caractère particulier qui la lie intimement à la précédente, et semble, en effet, ne pouvoir en être que la suite

<hr>

[1] ..... Dantzig, Dantzig, s'écriait Mustapha, dans des parties de chasse, dans des festins....... rêvant ainsi pour frontières la Baltique, l'Adriatique et l'Elbe...

(Salvandy, *Hist. de Pologne*.)

naturelle : vaincue, dépouillée, humiliée pendant les dernières années, la Turquie doit chercher à laver sa honte, à recouvrer quelques portions au moins du territoire qu'elle a perdu : c'est en effet ce qui arrive, c'est ce qui remplit tout ce laps de temps.

..... L'indignation du peuple et des soldats surtout se manifeste dès la conclusion du traité, par la déchéance de l'empereur qui venait de le signer ; un autre est choisi comme devant être meilleur..... Mais toutes les tentatives sont infructueuses, tous les essais d'amélioration sont frappés d'impuissance. On peut bien gagner des batailles, on peut bien prendre des villes, mais tout cela est sans suite, sans effet, parce que les attaques se succèdent sans relâche, parce que c'est la nécessité qu'il faut combattre. Qu'importe à la Turquie de démolir Azof, si elle ne peut empêcher en même temps la Russie de s'étendre ailleurs [1] et de s'y établir limitrophe d'une autre frontière qu'elle gardera, et d'où elle pourra plus tard l'inquiéter dans tout son empire par une puissante diversion? Que lui servent ces succès d'un jour? que lui vaut dans le Nord, Belgrade et une partie de ses frontières recouvrées sur l'empire d'Occident, si là se bornent tous ses avantages, tous ses succès, si elle s'est épuisée à reconquérir ce que ses ennemis vont lui ravir de nouveau à leur première apparition sous les murs de ces places? Tout cela, tous ces succès d'un jour, tous ces retours de fortune, tous ces éclairs de gloire, ne ressemblent pas mal aux lueurs d'un mourant qui cherche à s'arracher aux étreintes de la mort qu'il veut vaincre. Et, en effet, la mort ou des coups plus terribles que la mort elle-même, quand il faut vivre après eux, se préparaient déjà dans le Nord pour la Turquie [2].

---

[1] En Asie.

[2] Et, comme si tous les malheurs, toutes les calamités, devaient fondre sur elle en même temps, et ne lui rien épargner, aux ennemis du dehors se joignent les ennemis intérieurs. Non-seulement les révoltés des pachas ne vont pas se ralentissant, mais un des maux intérieurs les plus funestes aux empires, les guerres religieuses, vint s'ajouter aux anciens. Cette guerre fut celle que soutint pendant si longtemps et avec tant de passion, avec tant de fanatisme, une secte qui venait de naître en Asie, les Wahabis.

Ce fut vers le milieu du dix-huitième siècle que cette secte prit naissance, ou

Une femme, ennemie acharnée et implacable de la Turquie, comme d'ailleurs de tout autre État qui l'eût gênée dans l'accomplissement de ses projets; une femme qui devait porter les coups les plus terribles à la puissance ottomane, venait de monter sur le trône des czars. Appelée à poursuivre les desseins de ses prédécesseurs pour l'agrandissement et la prépondérance de la Russie, elle y entre ouvertement, frappe sans relâche de tous côtés, se sert de tout moyen : elle devait alors abattre la Turquie, elle le voulait à tout prix; aussi ne négligea-t-elle rien de ce qui était en son pouvoir, fière de ne laisser au temps que ce qu'elle ne pourrait accomplir elle-même..... Elle ne démembra pas l'empire ottoman comme elle avait fait la Pologne; mais, par le traité de Kaïnardji, sa conscience dut être satisfaite, quand elle vit qu'après elle on ne pourrait plus douter de la ruine de l'empire ottoman : il ne fallait plus dès lors *que s'entendre sur le partage.* C'est là seulement, en effet, ce qu'elle laissa à faire à ses successeurs; c'est ce qui fait le fond de la période suivante, la période contemporaine ; c'est ce qui la caractérise particulièrement, et amène dans l'arène où doit se vider cette immense question de la part des diverses puissances intéressées au maintien ou à la destruction de l'empire des Turcs, toutes ces conjonctures, toutes ces rivalités, toutes ces haines, toutes ces craintes d'autant plus vives, d'autant plus sourdes, que le moment approche davantage.

Ici, le caractère de cette politique de la Russie à l'égard de

du moins apparut pour la première fois tout organisée ; elle prétendait réformer la religion du prophète, et la ramener dans sa pureté primitive à la stricte observation des préceptes du Koran. Propagée par Mohammed-ben-Abdel-Wahab, elle eut une extension et des progrès presque aussi rapides que les préceptes du Koran prêchés par Mahomet lui-même. Elle suscitait ainsi des embarras et des dangers on ne peut plus pressants à l'empire, en occasionnant des soulèvements et des luttes dans les gouvernements de l'Asie et de l'Égypte, au moment même où la Turquie aurait eu besoin de la paix intérieure la plus certaine..... Ce ne fut même qu'en 1818, lorsque Méhémet-Ali se fut emparé de leur capitale et eut fait périr leur chef Abdallah, que la secte commença à n'être plus aussi dangereuse, sans pourtant toutefois cesser d'exister, car elle compte encore beaucoup de partisans.

l'empire ottoman, de cette conduite tracée par Pierre le Grand, si rudement suivie par la grande Catherine, et dont ne se sont jamais départis les czars ses successurs, se découvre en entier dans ce traité[1].

Le caractère, l'esprit de cet acte est tel, que la Russie est toujours du côté des opprimés, des populations qui ont eu à souffrir dans dans ces guerres funestes et terribles, *que certes elle n'eût pas entreprises, si ce n'eût été pour protéger, pour venger quelques malheureuses populations des avanies, des exigences de la Turquie;* elle les prend sous sa défense, et réclame auprès de la Porte, pour elles et pour leur culte, pour leurs biens, pour leurs familles, une *modeste protection,* qu'elle sait toutefois se donner elle-même par les armes, quand elle ne peut l'obtenir par demandes. Aux termes de ce traité, comme d'ailleurs de tous ceux qui suivent, la Russie devient *la tutrice* de ces peuples, que la Porte *n'a jamais cessé d'opprimer;* elle s'y déclare *garante* de tous leurs droits.... C'est là, oui, c'est bien là le langage et la conduite de tous ceux qui ont voulu conquérir ou dominer : liberté, religion, droits méconnus et vengés, patrie, tout cela sont des mots qui ne sonnent pas mal à l'oreille des peuples, et au bruit desquels ils se laissent facilement prendre et enchaîner. Cette politique ne pouvait que réussir, surtout à l'égard des peuples sujets d'un gouvernement faible et absolu, d'un de ces gouvernemens qui voient toujours s'accroître leurs besoins à mesure que diminuent leurs forces, et se trouvent ainsi dans la terrible et fatale nécessité de pressurer d'autant plus leurs peuples, qu'ils sont plus malheureux; la vengeance, la haine, les exécutions étaient presque les seuls moyens dont les sultans, il faut le dire, aigris par le malheur, crussent devoir user à l'égard des peuples ou des provinces qui leur paraissaient avoir faibli ou manqué dans la défense de l'empire.—C'étaient bien là les moyens les plus sûrs pour faire haïr et rendre insupportable son gouvernement (mais la nécessité n'en laissait pas d'autres), et rejeter ainsi ces peuples dans les bras de la Russie, qui s'apprêtait à les recevoir.

---

[1] Voir le traité de Kaïnardji et autres; Alix, *Hist. de l'empire ottoman,* t. III, notes et pièces justificatives.

Il faut le reconnaître, ces moyens d'asservissement et de conquête ont été merveilleusement mis à profit par la politique astucieuse et persévérante des czars. Voyez, en effet, comme ils sont prêts à la moindre occasion, qu'ils ont eux-mêmes amenée, à se jeter à main armée sur quelque territoire indépendant et limitrophe des deux empires : s'ils y entrent, ce n'est jamais que sûrement, et à la fois *protégés et protecteurs* d'un parti que les machinations de leur politique ont su gagner à leur cause. Ils implantent là leur nouvelle domination, et pour se préparer de nouvelles victoires, maîtres alors du sort de la Turquie, ils la forcent à reconnaître comme indépendants, ou tout au plus tributaires, des peuples des provinces limitrophes, que cette dernière avait hier encore pour sujets, et sur lesquels ils se réservent eux-mêmes et à eux-mêmes un protectorat général, comme *garantie* pour ces peuples de leur nouvelle indépendance à l'égard de la Turquie.

Et d'ailleurs, reconnaissons-le aussi, ce ne sont pas là les seuls moyens, les seuls leurres que la Russie déploya et déploie encore dans l'accomplissement de ses desseins sur l'empire ottoman. Elle trouva pour servir sa politique un moyen tout-puissant, une cause d'un effet incalculable sur l'esprit des peuples : la religion.

.... Dans cette terrible tourmente qui avait, au quinzième siècle, creusé un abîme effroyable entre les peuples des bouches du Danube et de la Morée, et ceux du nord et de l'occident de l'Europe, quelque chose, et c'était là seulement ce qui, dans ces nouvelles solitudes, révélait aux yeux du voyageur l'existence d'un peuple illustre, mais dégénéré ; quelque chose, dis-je, que les conquérants avaient voulu laisser debout, plutôt, il faut le croire, par un sentiment de mépris et de morgue, ou guidés peut-être même par leur propre intérêt que par un reste de pitié ou de faveur pour le peuple conquis ; quelque chose avait survécu : c'était l'Église ; leur religion et des temples, c'est tout ce que le superbe Ottoman laisse à ses nouveaux sujets..... C'était là le seul refuge où ce malheureux peuple ne fut pas toujours inquiété ; c'était là surtout où il pouvait se consoler de ses maux, ou gémir en sûreté sur les malheurs et les calamités qui désolaient son malheureux pays ; la religion, la foi, c'étaient les seuls liens qui, de l'isolement où il vivait, pussent le rattacher à ceux qui

1...

l'avaient connu avant la conquête. Eh bien! qu'on songe dès lors quelle sympathie, quelle reconnaissance, quel amour il devait avoir pour le seul peuple dont la croyance et le culte seraient aussi les siens, pour le seul peuple enfin qui viendrait au secours de leur Église persécutée et pauvre! Combien grands et forts durent être l'attachement et le zèle pour ce peuple d'un grand empire, qui venait humblement soumettre sa foi, ses dogmes et son Église, à l'assentiment, au gré, à l'autorité d'une église pauvre, persécutée et impuissante!

De quel enthousiasme ne devait pas s'enflammer le cœur des Grecs [1] à la vue de ces évêques de Byzance, pauvres, persécutés, fugitifs, et appelés pendant leur exil à la cour de Russie pour y sacrer un patriarche, qui devait être dans ce grand empire le chef du Clergé?

Cette primauté, cette prééminence du siége de Byzance sur tous les peuples de la même communion, due surtout à la présence du trône impérial, s'était maintenue depuis Photius; elle se maintint encore après la conquête, si même elle ne s'accrut pas, grâce aux malheurs qu'eut à souffrir l'Église sous l'empire des Turcs…. Eh bien! qu'on songe maintenant que c'était seulement à l'ombre de l'autel que ce peuple vaincu pouvait s'entretenir en paix de ses malheurs communs; qu'on songe que c'était seulement dans leurs églises ou sur quelque roc inaccessible, qu'il pouvait à plein cœur maudire une domination de plus en plus oppressive; qu'on se rappelle enfin quelle haine aveugle et constante ce malheureux peuple a toujours gardée pour les peuples latins; on s'expliquera facilement alors tous les succès de la Russie auprès de ces peuples sujets des Turcs, tous ces succès étonnants d'abord, car les peuples ne pouvaient y gagner qu'un changement de maîtres, mais dont on se rendra bien vite compte, si on se rappelle aussi que les Russes étaient le seul peuple de leur même communion….; — d'autres fois même, comme de nos jours, l'identité d'origine [2] est encore venue resserrer des liens déjà si

---

[1] Voir *Études d'histoire moderne* de M. Villemain : les Grecs après la conquête.

[2] Les Monténégrins sont Slaves d'origine, et, comme on le sait, c'est par des différends à leur égard qu'a été entamée la question.

forts, et donner ainsi d'autant plus de consistance et d'animosité à la haine contre le gouvernement turc.

Tels ont été les moyens d'action, les ressorts de la politique de la Russie, telle en a été la marche à l'égard de la Turquie depuis Pierre le Grand ; elle lui a trop bien réussi, elle a trop contribué à la grandeur et à l'extension de l'empire, pour qu'on l'abandonnât, pour qu'on s'en départît jamais.

Après la conclusion du traité de Kaïnardji, et la campagne qui suivit le voyage de Catherine en Krimée, où, dans plusieurs entrevues avec Joseph, elle régla avec ce prince les plans d'attaque de l'empire ottoman, cet État fut alors à deux doigts de sa ruine totale, et il est même à croire que si la trop grande extension et l'immense accroissement de l'empire russe n'eussent effrayé Joseph, provoqué sa défection, ou du moins du relâchement dans ses opérations et ne l'eussent dès lors amené à signer avec la Porte un traité de paix[1], grâce auquel la Turquie put accumuler toutes ses forces contre la Russie, qui alors avait en même temps affaire dans le Nord, il est à croire, dis-je, que l'empire ottoman serait tombé sous les attaques combinées des deux puissances. Mais cette défection fut vraiment le salut de la Turquie ; Catherine, occupée aussi dans le Nord de ses projets d'agrandissement, laisse un peu reposer le Midi et signe avec la Porte le traité d'Iassy (1792)..... La situation où se trouvait alors la France, et que Catherine pouvait comprendre mieux que personne, dut, je crois, contribuer aussi beaucoup à la cessation des hostilités et à mettre fin à cette guerre de vingt ans entre la Porte et la Russie.... Le peuple turc, de son côté, fatigué par une guerre si longue et si terrible, par des luttes qu'il croyait ne devoir jamais se terminer, accueillit avec une joie immense, avec un enthousiasme inaccoutumé, la nouvelle de la conclusion de la paix. L'empire l'achetait par la cession du territoire des Tartares, reconnu indépendant par le traité antérieur ; mais tout cela n'était rien aux yeux du peuple, qui ne se souvenait que de ses maux et de ses fatigues : il ne voulait que la paix, mais il la vou-

[1] Le traité de Tzistowa (1791).

lait à tout prix. On l'obtint par la cession d'un territoire que l'empire n'avait jamais possédé exclusivement, d'un territoire habité par un peuple tout étranger de mœurs, d'origine et de langue au peuple turc....; ce n'était qu'une perte dont l'orgueil du souverain devait seul être affecté.....

L'époque du traité d'Iassy, comme nous venons de le dire, correspond pour la France à une époque grande et terrible; cette nation venait d'entrer dans une ère nouvelle et préludait alors, par ses agitations et le terrible retentissement de ses grandes réformes, à la régénération sociale de l'Europe moderne. Dès que la révolution eut éclaté en France, dès qu'elle eut fait ressentir ses atteintes en Europe, la position de la Turquie, sans devenir de beaucoup meilleure, changea et se raffermit pourtant un peu : les attaques de la Russie ne furent plus aussi incessantes. Ce n'est pas qu'elle se départît de ses projets sur Constantinople et l'empire ottoman, mais comme elle avait d'autres occupations plus pressantes et des dangers plus imminents, elle laissa les Turcs se reposer un peu : il lui fallait, de concert avec l'Angleterre, l'Autriche et la Prusse, organiser une résistance continuelle contre les envahissements de la France; il lui fallait songer à vaincre, à comprimer du moins, la révolution qui grandissait tous les jours et gagnait de plus en plus du terrain.

. ... Tout entier à ses immenses projets, mais ayant peut-être déjà des vues d'ambition personnelle, cet homme, qui semblait devoir être en Europe l'apôtre de la révolution par les armes, celui à qui la France, bouillante encore de la fièvre révolutionnaire, ne craignit pas de confier ses glorieuses et terribles destinées, qu'elle n'avait auparavant laissées qu'aux seules mains de ses généreux enfants; Bonaparte, enfin, dont le cœur battait encore au nom de liberté, tout entier à ses projets d'agrandissement et de prépondérance du grand peuple, dont il avait pris en main les hautes destinées, va planter en Égypte un de ces jalons qui devaient plus tard compléter son vaste système de blocus continental, assurer à la France la prépondérance maritime, comme elle exerçait alors la prépondérance sur terre, et ruiner ainsi l'Angleterre, ou du moins la réduire à la loi commune.

Mais ces projets portent un coup terrible à l'empire ottoman, et pourtant, Napoléon ne voulait certes pas la ruine de cet empire ; il voulait réduire l'Angleterre, et abattre l'immense accroissement de sa nouvelle puissance ; c'est la France qu'il vengeait ainsi, et qu'il relevait de l'abaissement où elle était tombée sous l'ancienne monarchie, quand elle cédait à l'Angleterre tous ses immenses établissements des Indes. Ces projets gigantesques furent sur le point de se réaliser, l'Angleterre était aux abois... Un événement fortuit, la mort de Paul, empereur de Russie, vint relâcher tous ces fils qu'avait tendus le héros, et l'Angleterre fut sauvée ; mais l'Égypte n'avait pas moins été démembrée, et quoique l'empire turc la recouvrât, il n'en avait pas moins reçu une irréparable atteinte.

Aux contre-coups du dehors se joignaient alors pour l'empire ottoman les luttes intérieures. Frappés, dans la guerre qu'ils venaient de soutenir, de l'impuissance et de l'infériorité de leurs armées auprès de celles des autres États de l'Europe, quelques sultans, plus éclairés, plus sages que leurs prédécesseurs, et moins scrupuleux que leurs peuples, cherchaient à introduire dans leur empire de nouvelles réformes, empruntées aux autres cours de l'Europe : ces mesures, bonnes, utiles peut-être en d'autres temps, ne pouvaient, en temps de guerre, qu'accroître le désordre et ajouter mille maux à ceux qui existaient déjà. Ces réformes, en effet, quelles qu'elles fussent, arrivaient trop tard, ou plutôt, pas plus au dix-neuvième siècle qu'au dix-huitième, qu'au dix-septième... l'esprit des Turcs ne pouvait se prêter à aucun changement, à aucune amélioration, et recevoir de plein gré ou de force des institutions prises chez *les infidèles*. Bonnes ou mauvaises, intempestives ou non, les sultans devaient quand même se résoudre aux anciennes : tous ceux qui essayèrent d'y changer quelque chose périrent victimes de leurs tentatives, de leur dévouement... Les Turcs sont aujourd'hui ce qu'ils étaient au quinzième siècle... leur empire s'écroulera plutôt que de subir la moindre réforme, le moindre changement.

Ce fut à l'immense extension de la France, à ses merveilleuses conquêtes, et à la haute prépondérance que cette nation exerça sur toute l'Europe pendant les années à jamais glorieuses qui terminaient le dernier siècle, et celles qui ouvraient avec tant de bonheur le dix-neuvième ; ce fut surtout à la crainte qu'excitaient de pareils succès, pour les autres puissances, que la Turquie dut de pouvoir pendant ce temps essayer en sûreté ses réformes : elle ne fut alors inquiétée dans ses possessions, dans son empire, que par l'expédition d'Égypte.

Ce ne fut qu'après le fameux traité de Tilsit, 1807, qu'elle eut de nouveau à repousser les attaques de la Russie. Napoléon, à l'apogée de sa grandeur, arbitre alors de toutes les couronnes, en disposant à son gré, et croyant le moment venu de se livrer de nouveau tout entier à ses projets contre l'Angleterre, ne crut pas payer trop cher l'amitié d'Alexandre, l'alliance de l'autocrate du Nord, en abandonnant son ancienne et nécessaire alliée, la Turquie ; c'était le même motif qui la lui avait jadis fait attaquer dans son expédition d'Égypte. Tous deux, se partageant alors les destinées de l'Europe, se livrent à leurs projets d'agrandissement respectifs : l'un marche sur l'Èbre, l'autre sur le Danube ; tranquille alors sur toutes ses frontières, Alexandre reprend les projets de ses prédécesseurs et marche contre la Turquie... D'un bond, la Russie recule ses frontières jusqu'au Pruth, et prend sous *sa protection* la Valachie, province alors limitrophe des deux empires. Il fallut même qu'une brouillerie survînt alors entre les deux empereurs de France et de Russie, pour que ce dernier, craignant quelque irruption dans ses États, aimât mieux s'arrêter lui-même au milieu de ses succès, que s'exposer à reculer dans ses anciennes limites. C'est alors que fut conclu le traité de Buckarest (1812).

1812..... La gloire de la France commençait à pâlir au dehors, le feu sacré s'éteignait dans nos armées ; l'étoile du héros avait pâli deux fois, sur l'Èbre et le Dniester... La France allait reprendre ses anciennes limites, et nos armées, tour à tour refoulées du Niémen sur l'Elbe, de l'Elbe sur le Rhin, et du Rhin... sur la Seine, allaient laisser l'Europe se rasseoir dans le calme, mais toujours les yeux tournés vers cette France, qu'elle redoutait encore, même après l'avoir vaincue. La chute de l'empire, et la paix générale que cet événement amena en Europe pour tous les États, quoique rétablissant sur son ancien pied, entre la

France et la Turquie, l'ancienne et étroite alliance de ces deux peuples, fut loin de rendre à ce dernier État la paix et la sécurité. Les grands événements qui venaient d'agiter l'Europe étaient étrangers à la Turquie ; elle n'y fut mêlée qu'indirectement. Grâce à leur ancienne et nécessaire union avec la France, les sultans auraient pu tranquillement assister à cette grande lutte, et en retirer même un immense avantage pour l'indépendance de leur empire, s'ils l'avaient comprise, et surtout si l'intérieur, ne les distrayant un peu de ce qui se passait au dehors, n'eût réclamé tous leurs soins. Et en effet, l'esprit d'indépendance et d'insubordination des pachas, qui toujours avaient supporté avec peine l'autorité des sultans, ne s'était point affaibli ; même en des temps où l'empire était capable de les réduire, ils n'avaient pas craint de manifester leurs intentions et de les soutenir ; bien plus alors devaient-elles s'accroître et se fortifier, quand la faiblesse extrême de l'empire les assurait presque de l'impunité.

La révolte qui eut le plus de retentissement et qui porta à l'empire le plus grand coup fut celle d'Ali, pacha de Janina. Il lutta pendant plusieurs années, contre la plus terrible des populations de la Grèce vaincue, et après une lutte acharnée, inquiété, traversé dans ses projets par les attaques du sultan, lassé par le courage et l'opiniâtreté des braves Souliotes, et voulant sauver sa vie, il se met à la tête de ceux qu'il combattait naguère, il appelle les Grecs à la liberté. Ce cri ne reste pas sans écho ; le signal de la délivrance est donné, et cette fois ce ne fut pas en vain. Quelques années encore de luttes et de combats, et les puissances, chrétiennes ou intéressées, entraînées par cette noble ardeur des Grecs, viendront les soutenir dans leur dernier effort, et achever l'entière régénération de ce peuple.

Certes, jamais les puissances de l'Europe, les puissances du moins que la Russie doit toujours trouver sur le terrain de la lutte, la France et l'Angleterre, n'avaient paru si bien favoriser ses projets. Mais devait-on laisser périr les Grecs pour ne pas favoriser la Russie? La France et l'Angleterre devaient-elles rester sourdes à la voix de l'humanité et de la religion, qui les appelait sur le terrain de la lutte? Non, non, il fallait à tout prix seconder ce sublime élan des Grecs qui voulaient être libres. Et d'ailleurs, si la Russie eût agi toute seule, si les généreux efforts de la France et de l'Angleterre, en faisant respecter l'indépendance propre des Grecs, ne fussent venus entraver la politique de la Russie, nul doute que cette dernière, tout en arrachant la Morée aux Turcs, ne se fût réservé quelque *protectorat* sur cette province, et n'en eût fait contre l'empire ottoman un point d'attaque, placé sous sa surveillance, sous son influence.

Telle était, on ne peut en douter, la fin de toutes ces insurrections, de tous ces soulèvements excités et secondés par la politique des czars; tel était le but de la politique de Catherine, quand elle parlait de soulever la Grèce. Et pourtant, quoique les vues de cette princesse eussent été manquées, quoique la politique des czars eût été entravée, détournée même, l'occasion était encore trop favorable pour qu'ils laissassent la Turquie en repos. L'ébranlement qu'éprouvait l'empire ottoman par la lutte des Grecs était immense; Nicolas le comprit. Il l'attaqua aussitôt dans le Nord, et après de glorieux succès, après s'être emparé d'Andrinople, qu'il évacua, il est vrai, il consentit à signer la paix[1], grâce à l'intervention des puissances européennes, qui ouvrirent enfin les yeux quand les Russes étaient déjà sous les murs de Constantinople. Nicolas posa les limites de son empire aux bouches du Danube et aux rives du Pruth, et en czar toujours habile à se ménager pour lui ou pour ses successeurs de nouvelles conquêtes, il fit accorder à la Moldavie, à la Valachie et à la Servie de nouvelles *garanties* d'indépendance contre la Porte, qui se trouvaient consacrées sous son nom dans les clauses du traité... Certes, c'est tout ce que le sultan pouvait accorder, mais il le fallait, ou Constantinople était prise..... Là se sont arrêtés les empiétements successifs de la Russie jusqu'à ces derniers temps; Nicolas a de nouveau repris les projets de ses prédécesseurs et les siens; ses troupes sont entrées dans ces principautés, que le traité d'Andrinople avait mises sous la *protection* de la Russie... En sortiront-elles? Ne choisira-t-il pas aujourd'hui le Balkan pour limite de son empire?.....

[1] Traité d'Andrinople (14 septcmb. 1829).

SECONDE PARTIE.

« L'empire ottoman est en pleine décadence, l'époque de sa
« ruine n'est pas éloignée ; la Russie poursuit toujours avec achar-
« nement, à l'égard de cet empire, ses projets d'amoindrissement
« territorial, et resserre de plus en plus Constantinople, jusqu'à
« ce qu'il ne lui reste plus qu'à attaquer cette capitale.... » C'est
là, je crois, ce qui résulte de ce que nous avons exposé dans la
première partie. — D'un autre côté, la position de la Turquie
est aujourd'hui si précaire, l'empire en lui-même est si faible,
que s'il était réduit à ses seules ressources contre les attaques si
souvent réitérées et les forces vingt fois supérieures de la Russie,
il faudrait, d'un jour à l'autre, s'attendre à voir flotter l'aigle
moscovite sur les murs de Stamboul.

Convaincus de l'importance de la position de Constantinople,
et du danger qui naîtrait pour l'Europe si cette ville venait jamais à tomber aux mains d'un grand peuple, d'une nation puissante et éclairée, nous sommes donc conduits à rechercher quelles
sont aujourd'hui les puissances qui ont intérêt au maintien ou à
la destruction de l'empire ottoman ; quelles sont celles qui
peuvent et doivent agir dans un sens ou dans l'autre, et si cette
question de vie ou de mort de cet empire admet une solution
dans l'état où se trouve aujourd'hui l'Europe ; c'est ce qui va
faire le sujet de cette seconde partie.

Parmi les puissances de l'Europe, vues séparément, je parle
des puissances de premier ordre, il en est dont tous les intérêts,
politiques et commerciaux, exigeraient l'entière destruction de
l'empire ottoman et son partage ; il en est d'autres, au contraire, dont les intérêts exigent à tout prix le maintien, l'intégrité de cet empire.

Dans les premières, nous rangerons la Russie d'abord, et puis
l'Autriche et la Prusse ; dans les secondes, l'Angleterre et la
France. Et, en outre, les deux grandes puissances qui ont le plus
à gagner ou à perdre, quant à leurs intérêts matériels, sont

l'Angleterre et la Russie. Ce sont en réalité les deux seules puissances qui puissent être aux prises pour la possession exclusive de Constantinople. Quant à certains États secondaires, comme l'Italie, l'Allemagne, quant à ces peuples enclavés dans d'autres États plus puissants, sans être eux-mêmes constitués, ils forment tous une classe à part qu'il importe aussi d'étudier.

Prenons donc la première classe, et commençons par la Russie, comme la plus importante, et la plus acharnée à la destruction de Constantinople. Cherchons les limites de cet immense empire. A-t-on jamais songé à son immense étendue ? s'est-on jamais dit qu'il forme un tout continu et que, quoique peu uni politiquement parlant, il l'était déjà par la nature et la configuration du sol, bases des relations et des établissements politiques, point de départ de l'unité d'action et de gouvernement, de l'unité politique ? Qu'on se figure ces immenses possessions, qui s'étendent sur les trois parties les plus importantes du monde, toutes ces terres comprises entre le Niémen, la Baltique, l'océan Glacial, une partie de l'Amérique du Nord, le grand Océan, l'empire chinois, le Turkestan, la Caspienne, la mer Noire, le Danube, la Vistule, et l'on verra ce que l'on a à craindre, si jamais les Russes consomment leurs projets d'extension en Europe.

Certes, je suis bien loin de croire que la Russie puisse mettre sur pied un nombre d'hommes proportionné à l'étendue de son empire. S'il en était ainsi, il n'y aurait plus alors qu'à attendre patiemment le sort qu'elle voudrait bien nous faire ; mais heureusement, ce n'est pas, et pourtant un danger existe, moins terrible, il est vrai, aujourd'hui, mais non moins redoutable pour l'avenir, si jamais la Russie consommait ses projets, si jamais elle venait à s'emparer de Constantinople.

Et la possession de Constantinople, l'extension de son empire en Turquie, est-ce là tout ce qu'elle rêve ? Cette prise de possession n'aurait-elle pas d'autres suite ? Est-ce absolument pour posséder ces contrées ? Cette possession ne ferait-elle qu'achever de constituer son empire et de le mettre à couvert dans son côté le plus faible, le plus vulnérable ; ou bien contenue au delà de ces contrées, son empire resterait-il dès lors ouvert, et pourrait-il être attaqué sur quelque frontière facile à atteindre ? L'Europe

alors dans ces alternatives, ou du moins les puissances naturellement rivales de la Russie, et qui ont à redouter son extension,
n'ont pas à choisir, elles ne sauraient hésiter. Il leur faut la contenir sur les rives du Dniester, ou se résoudre à voir tôt ou tard
tomber Constantinople, qu'on ne pourra plus défendre ni secou-
rir..... Une fois maîtresse de Constantinople, la Russie possède
toute l'Asie, c'est-à-dire tout le commerce de l'Asie; elle s'ouvre
alors facilement la route de terre pour les Indes, et se l'approprie
exclusivement pendant que du Pont-Euxin, devenu un lac russe,
elle distribue ses flottes en tout sens, pour se défendre contre les
puissances européennes qui voudraient l'inquiéter, et dont tout
le commerce sur les côtes d'Asie serait alors à la merci de l'autocrate du Nord. D'un autre côté, maîtresse du Nord de l'Asie,
le Turkestan lui devient une proie facile, et lui sert d'entrepôt général pour les immenses richesses de son nouvel empire.

Et en outre, représentons-nous bien, sous son vrai jour, la situation actuelle de la Russie, en Europe; voyons clairement sa
position entre tous les États de cette partie du monde : cette
temporisation, ces vues systématiques, cette conduite, toute tracée
par avance, qu'elle tient depuis un an, et dont elle ne déroge
pas du tout, ne nous révèlent-elles pas la fin de tous ses projets,
l'objet de toutes ses vues?

L'empire de Russie, avec son immense extension et son système de gouvernement, est aujourd'hui arrivé à un point où cette
conduite, dans laquelle il s'obstine, lui est, on pourrait dire, fatalement imposée par le développement successif de sa politique;
et vouloir que les czars y renoncent de plein gré ou de force,
c'est vouloir, je dirais presque, renverser leur système politique,
ce système aussi vieux que leur empire; c'est vouloir, je dirai
plus encore, ébranler la constitution même de leur empire, tant
ce système est inhérent et fait un avec leurs institutions en général. Or, on sait s'il est des rois, des têtes couronnées, qui
aient jamais consenti, de plein gré, à céder, à perdre quelque
chose de leur autorité, de leur puissance; eh bien, l'empereur
de Russie est aujourd'hui dans une telle situation. — La possession de Constantinople doit pour jamais lui raffermir son empire, et lui donner un nouveau centre d'opérations pour étendre

encore sa puissance.—La privation de cette position le condamne à rester éternellement au point où il se trouve, sans pouvoir plus jamais se soustraire, si ce n'est à l'influence, du moins à la crainte que peuvent lui inspirer les puissances naturellement ses rivales.... Les rêves de Pierre le Grand et de Catherine doivent aujourd'hui s'accomplir ou rester à jamais à néant.... Ce n'est maintenant pas à moi de dire s'il est un prix auquel le czar consente ainsi à abandonner ses nouvelles conquêtes, à oublier ses projets. Au reste, le résultat de la partie est pour lui tout simple. Il peut y gagner double, ou n'y presque rien perdre, quant au présent du moins; et certes, les coups de tête ne sont pas défendus : ils réussissent quelquefois, d'autres fois non [1].

...... La guerre, se dit-on, amènerait l'embrasement général de l'Europe. En fût-il ainsi, le czar est bien de tous les monarques celui qui a le moins à craindre d'un pareil bouleversement.... Ces immenses steppes, qui couvrent la Russie, ces bords glacés de Finlande ou de la Néva, ces rives du Volga ou du Don ne peuvent, de bien longtemps encore, qu'obéir à un maître, et les causes en sont, pour le czar et son empire, plus salutaires, plus efficaces, que les plus fortes barrières de la nature..... *Ne ultra, ne ultra*; le czar peut hardiment prononcer ces mots à ceux qui rêveraient pour ses déserts de glaces quelque autre Atlantide, comme on en a tant rêvé, tant voulu naguère, dans notre Occident, où tout s'est enfin dissipé; en Russie ces fantômes se briseraient tous.

Autriche.

J'ai dit plus haut que l'Autriche et la Prusse étaient intéressées à la destruction et au démembrement de l'empire ottoman, je le prouve : une fois maître de Constantinople et du détroit, le czar, après avoir établi quelques places qui défendissent sa nouvelle position et le missent à l'abri de toute attaque, se hâterait de distribuer les provinces voisines du territoire de Constantinople, qu'il ne pourrait garder, à d'autres peuples amis ou alliés, sur lesquels il pût compter, et liés à lui par tous leurs intérêts, de

---

[1] Entre autres, la destinée de deux villes, Gibraltar et Copenhague, 1704 et 1808, nous en offrent un double exemple.

manière à se garantir ainsi ses nouvelles possessions. Et ces alliés naturels et nécessaires, quels sont-ils ? A qui peut-il s'adresser, sinon aux cours de Vienne et de Berlin, qui forment pour lui comme deux avant-postes, deux points d'observation, contre toute attaque, tout mouvement venu de l'Occident? Le czar aurait, disons-nous, tout intérêt à doter d'une partie des provinces de l'empire ottoman, l'Autriche; voyons si cette puissance ne compromettrait pas ses intérêts à l'égard des autres États en recevant ainsi ces provinces aux yeux de l'Europe; voyons si elle n'aurait rien à craindre.

Isolé et considéré dans ses propres intérêts, la possession de Constantinople et du territoire ottoman n'arrondirait pas mal l'empire d'Autriche. Mais les princes de cette maison ne songeront jamais à s'emparer de cette position, d'abord parce qu'ils ne le peuvent pas matériellement, et puis parce qu'ils sont aussi retenus par une force morale encore plus impérieuse que la force des armes, et garante en quelque sorte de cette dernière à l'égard de la Russie, et puis parce qu'ils ne pourraient jamais se brouiller avec les czars. Ainsi donc l'Autriche doit être regardée comme placée sous l'influence du cabinet de Saint-Pétersbourg. Et d'ailleurs en a-t-il jamais été autrement, pendant surtout ces vingt dernières années de guerre contre la France[1], qui ont fait surgir du nouvel ordre de choses enfanté par la révolution, de nouveaux intérêts, de nouvelles influences? pendant ces années qui ont tant modifié les anciennes relations des vieilles monarchies, et donné à la politique moderne des bases plus larges, plus étendues?

[1] Et puis, n'aurions-nous pas l'exemple de ces vingt dernières années pour appuyer ce que j'avance, que cette conduite mesurée, compassée, qu'elle a tenue dans ces derniers temps au sujet du différend turco-russe, suffirait pour nous faire connaitre l'esprit de ce cabinet, qui, quelque indépendant qu'il soit, ne le sera jamais assez, et cela par des causes qui tiennent fatalement à sa situation politique, pour ne pas subir l'influence russe et se dégager des liens qui la relient nécessairement aujourd'hui au trône des czars. Qui de nous, je le demande de bonne foi, qui de nous, après avoir tant soit peu réfléchi, a pu se laisser prendre à ces ridicules singeries diplomatiques, qu'on décorait déjà du nom de congrès? à cette prétendue médiation de l'Autriche entre les puissances en guerre?..... Qui n'a vu dans ces mesures des moyens employés par la Russie pour légitimer sa cause aux yeux des peuples, et mettre dans leur esprit le droit de son côté?... Je veux bien croire qu'aucune des parties intéressées ne s'y est laissé prendre, mais alors pourquoi des hésitations, pourquoi des velléités dans leur conduite, dans leur détermination?....,.

Puissance peu redoutable sur terre, si ce n'est par les alliances et le réseau qu'elle continue et sert à former, l'Autriche est presque nulle comme puissance maritime; et avant même qu'elle se fût emparée du nord de l'Italie, elle ne possédait de côtes que les rivages d'Illyrie; ses vaisseaux ne pouvaient, en partant de la terre continentale, que passer par le canal d'Otrante sous le canon anglais. Certes, le cœur de François doit s'émouvoir en songeant qu'il possède aujourd'hui les côtes du golfe de Gênes, et que ses armées sont aux portes de la France. Eh bien! comment ne pas voir qu'il songe déjà à étendre ses frontières maritimes jusqu'à la Grèce elle-même, et qu'il s'apprête à recevoir des mains du czar les provinces occidentales de l'empire turc, ou celles, enfin, qui l'accommoderaient le plus. Le czar a peut-être déjà désigné la part de chacun de ses fidèles servants : il y a cent ans à peine, Catherine partageait la Pologne.... La Turquie a aujourd'hui pris la place de ce malheureux royaume.

Que l'on songe maintenant à ce que deviendrait l'Autriche, que l'on considère quelle pourrait désormais être son influence dans l'équilibre européen (déjà, au reste, bien troublé depuis sa fondation, 1648), si une fois, assez forte par elle-même, elle pouvait agir un jour comme puissance du premier ordre, sans toutefois s'éloigner des suggestions de la Russie, si elle n'avait une fois plus à craindre que la Porte soumise à l'influence du cabinet français ne la surveillât sur ses derrières, et ne vînt, en cas d'attaque sur l'Occident, faire diversion avec ses armées et déboucher par la Hongrie.... Alors, elle pourrait agir sûrement et frapper de toutes ses forces.

Prusse.

Quant à la Prusse, elle ne doit et ne peut même jamais songer à la possession de Constantinople; elle n'y songe même pas, on peut l'assurer : un État ne va pas ainsi entreprendre au hasard des expéditions vingt fois au-dessus de ses forces. Mais, de ce qu'elle n'est pas directement intéressée à posséder Constantinople, ce n'est pas dire qu'elle ne puisse être appelée au démembrement de la Turquie. Elle n'y est pas, disons-nous, directement intéressée comme l'Autriche, tant s'en faut; elle n'accroîtrait pas son influence politique comme cette dernière, mais son territoire pourrait pourtant en recevoir par contre-coup un assez bon accroissement; et certes, oui, le czar, pour s'attacher encore cette seconde et fidèle alliée, ne se ferait pas scrupule de lui donner quelque province voisine, quelque autre lambeau de la Pologne, qui lui garantirait ainsi, à l'égard de cette cour, sa possession de Constantinople, et rattacherait par des liens de plus en plus étroits les successeurs de Frédéric au trône de la grande Catherine.....

Avancer de pareilles conjectures, c'est supposer entre ces trois cours l'existence d'un traité tendant à se partager entre elles la Turquie, comme il y a cent ans elles se partageaient la Pologne..., Eh bien! y a-t-il là quelque chose qui contredise ou s'éloigne de la politique des czars depuis Pierre le Grand jusqu'à nos jours? y a-t-il dans l'existence d'un pareil traité quelque chose de contraire à leurs vues, quelque chose dont pût s'offenser leur conscience? Ils ne se sont pas fait scrupule de lacérer, il y a cent ans, un royaume chrétien, reculeraient-ils aujourd'hui devant le démembrement de l'empire des Turcs?...

Passons maintenant aux puissances que nous avons rangées dans la seconde classe; étudions les intérêts de la France et de l'Angleterre.

Angleterre.

Prenons d'abord l'Angleterre... Avant que ce royaume eût étendu sa puissance en Asie et se fût donné cet immense empire des Indes, par la négligence et l'indigne conduite de Louis XV, c'est-à-dire avant la dernière moitié du dix-huitième siècle, l'Angleterre, avec ses seules possessions maritimes, disséminées, comme d'ailleurs celles de toute autre puissance, pouvait ne pas voir d'un œil jaloux et avide l'extension de l'empire russe sur les côtes de la mer Noire. Mais dès qu'elle eut fondé cet immense empire des Indes que lui avait si heureusement préparé le génie de deux Français, dès qu'elle se vit maîtresse d'une partie de l'Asie, et qu'elle put espérer de dominer exclusivement sur cette partie de territoire, où elle trouvait de si grandes richesses qui alimentaient sa puissance et ses forces, alors elle commença à faire sentir ans le divan le poids de son influence, et se mit en garde contre l'ambition de la Russie. Elle aussi comprit que Constantinople lui serait nécessaire pour relier ses possessions d'Asie à la métropole, lui ouvrir et lui garantir en même temps la route de terre, vingt fois plus avantageuse et plus commode que celle de mer. Elle aussi comprit qu'elle pourrait faire de Constantinople, comme la Russie du Turkesktan ou de cette même cité, un immense entrepôt de tous les produits de l'Europe et de l'Asie. Alors, surtout, elle comprit qu'elle avait dans le divan à combattre une influence rivale, et au dehors à contenir les armées russes, et à les refouler aussi loin de Constantinople qu'elle le pourrait.

Ainsi donc l'Angleterre ne peut jamais consentir à ce que toute autre puissance, et la Russie, en particulier, moins que nulle autre, s'empare de Constantinople. Pour elle l'assentiment donné à une pareille conquête équivaudrait à un acte d'abandon de ses possessions d'Asie, que suivrait bientôt, nous osons l'assurer, sa décadence en Europe. Énoncer une telle chose, c'est dire en même temps la conduite qu'elle tiendra. Et qui ne sait, en effet, que toute la puissance de l'Angleterre repose sur sa grandeur maritime, que, puissance essentiellement coloniale, il lui faut à tout prix la liberté des mers, je dirais presque la liberté exclusive. Qui ne sait qu'elle a dépensé des milliards, qu'elle s'est presque épuisée pour en venir à ce degré de puissance où elle est aujourd'hui? Qui ne sait qu'elle est, au moment où j'écris, près d'établir dans les Indes son empire absolu, sa domination exclusive, et qu'elle s'épuise encore en sang et en or pour l'y rendre durable? Qui ne sait aussi qu'elle sillonne depuis quelques années l'isthme de Suez de chemins de fer, pour faciliter et accroître ses relations avec l'Asie ?... Eh bien! comment pourrait-elle jamais consentir, dans un tel état de choses, dans une pareille situation, à l'établissement des Russes à Constantinople, possession qui, à elle seule, ruinerait un empire qui lui a tant coûté à élever, et entraînerait fatalement la ruine de la métropole?

France.

Arrivons maintenant à la France. Cette puissance est la seule, à proprement parler, dont les intérêts matériels et commerciaux ne soient pas le plus fortement ou même exclusivement engagés dans cette question ; ce n'est pas à dire pour cela qu'elle soit moins intéressée que toute autre à voir Constantinople aux mains de tel ou tel autre peuple ; au contraire, peut-être même y est-elle plus. Comme, en effet, la prépondérance que la France possède en Europe s'exerce surtout dans le domaine politique, comme sa grandeur et sa gloire reposent surtout sur ses intérêts politiques, sur ses relations extérieures avec les diverses puissances, avec les divers peuples de l'Europe, et comme la Turquie est en Europe une des positions les plus importantes pour les relations politiques, c'est sous ce point de vue, le plus grand, le plus avantageux, le plus noble pour la France, que nous la considérerons dans cette question. Il faudra nous restreindre, dire peut-être même moins qu'il ne faut, mais... *rebus submittere conor.*

A tout prix et à tout effort la France doit constamment entretenir des relations amicales et franches avec la Porte : elle doit surtout la défendre et la seconder dans ses efforts contre les envahissements et les attaques de la Russie, cette conduite, tendant à conserver l'intégrité de cet empire, qui doit être pour elle un poste avancé, une avant-garde, contre les armées de la Russie. La France doit, de son côté, faire de la Turquie ce que la Russie fait de l'Autriche et de la cour de Vienne : Vienne surveille la France et d'autres peuples ; la Turquie doit surveiller la Russie et la tenir en éveil. C'est en effet aujourd'hui le seul point le plus important qui reste à la France pour inquiéter la Russie, pour la surveiller dans ses projets politiques. Des deux postes avancés de ces deux positions admirables qu'elle avait il y a cent ans au milieu de l'Europe, et d'où elle pouvait dominer sur cette partie du monde : la Pologne et la Turquie, cette dernière est, comme nous le disions tout à l'heure, la seule qui lui reste ; elle a perdu, ou plutôt elle s'est vu enlever dans le siècle dernier, la première, par la lâcheté et la coupable incurie de Louis XV, qui laissa de sang-froid partager ce malheureux royaume de Pologne. Eh bien donc, si la France du dernier siècle s'est laissé enlever un poste si avantageux, que la France nouvelle conserve au moins le dernier qui lui reste, d'autant plus précieux, d'autant plus important, qu'il est seul. Qu'elle conserve ce poste avancé qui doit lui servir de barrière contre ce torrent du Nord qui viendrait à se déchaîner une seconde fois. Oui, que par son influence dans le divan, elle surveille, d'un côté, la conduite du cabinet de Vienne, elle pénétrera ainsi les vues, les plans de celui de Saint-Pétersbourg ; et d'un autre, qu'elle se mette en garde contre la Russie elle-même, contre ses attaques sur l'empire ottoman. Bien plus, aujourd'hui, dans la position où elle se trouve, la France avec son armée d'occupation à Rome peut réduire à la plus complète inaction le cabinet de Vienne, neutraliser ainsi du côté du sud les coups de la Russie, et surveiller tranquillement ses manœuvres, ses intrigues, dans le Nord, à la cour de Berlin.

Ah ! si la Pologne vivait, elle aussi serait l'alliée de la France, elle aussi aurait à sa cour un ambassadeur français qui surveillerait de là la Prusse et la Russie, comme celui de Constantinople surveille l'Autriche et la Russie. La France aurait alors ainsi deux points de mire, deux centres d'opérations et de mouvements, qui paralyseraient tous les efforts de la Russie, et la réduiraient au désespoir.

Il est possible qu'avant 1789, les czars ne comprissent peut-être pas toute l'importance, tout le danger d'une pareille position, et que, s'ils cherchaient à s'emparer de la Pologne, c'était plutôt comme une extension de territoire, comme une province ajoutée à leur empire qu'ils voulaient l'acquérir, que comme une alliée fidèle et sûre qu'ils voulussent arracher à la France, et dont l'union avec cette dernière puissance leur apparût comme un danger réel, en un mot, que les intérêts matériels l'emportassent dans leurs vues sur les intérêts purement politiques ; il est possible que ce fut là leur but principal. Mais dès que la révolution eut éclaté, dès qu'elle eut en Europe créé de nouveau intérêts, ouvert de nouvelles voies, élargi le cercle des relations sociales en les multipliant, dès, en un mot, qu'elle eut montré en Europe ce que pouvait la France, alors les czars purent sentir de quelle importance devenait pour eux l'entière destruction de la Pologne... Aussi les intrigues de la Russie s'accrurent-elles dès lors de plus en plus : Catherine redouble d'ardeur dans sa politique, et l'année 1792 amène un nouveau démembrement. Dès lors surtout, les czars durent voir de quelle importance serait aussi pour eux la destruction de l'empire ottoman, qui, en ôtant ainsi à la France, dans le sud de l'Europe, le seul appui qui lui restât, le seul peuple nécessairement uni d'intérêt avec elle, la réduisait à ses seules ressources : la nouvelle situation, où les victoires et les contre-coups de la révolution à l'extérieur plaçaient désormais les divers États de l'Europe entre eux et à l'égard de la France, a été, comme on le voit d'après ce qui précède, admirablement saisie par les czars, ou du moins admirablement exploitée à leur profit par leur politique constante, une et inébranlable à l'égard de l'empire des Turcs.

Ainsi donc, dans ce conflit général des diverses puissances de l'Europe sur l'empire ottoman, les trois grandes puissances nous apparaissent chacune avec leurs intérêts particuliers : la Russie poursuit toujours avec persévérance et habileté cette politique de Pierre le Grand, de Catherine surtout, tendant à l'amoindrissement successif et au démembrement de l'empire des Turcs, jusqu'à ce qu'il ne lui reste plus qu'à s'emparer de Constantinople ; l'Angleterre, de son côté, avec conscience du danger, reste sur la défensive, protége, de concert avec la *bonne* France, les intérêts de la Turquie, et cherche à défendre son territoire ; les autres puissances, l'Autriche et la Prusse, sont aux écoutes, et les peuples attendent.....

Que la France et l'Angleterre unissent donc tous leurs efforts, qu'elles combattent de toutes leurs forces pour défendre à tout prix un empire dont l'intégrité et le maintien sont pour elles comme une garantie contre toute attaque, contre toute influence de la part de leur commune ennemie. Et on le voit, en effet, comme moi, Constantinople arrachée aux Turcs ne pourrait, pour le bien général de l'Europe, qu'être laissée à un peuple chrétien, il est vrai, mais qui serait comme une puissance neutre. A quelque grande puissance, en effet, de la France, de l'Angleterre, de la Russie, qu'appartînt Constantinople, l'Europe entière serait tôt ou tard soumise à l'immense prédominance que cette puissance viendrait à exercer, par l'immense ascendant qu'elle prendrait alors dans toutes les branches de la civilisation.

Vous tous donc, hommes d'État ou monarques, qu'il m'appartienne ou non de m'adresser ainsi à vous, vous tous qui êtes appelés à gouverner la France et l'Angleterre, vous à qui ces deux grands peuples ont confié leurs destinées, rappelez-vous qu'il y a près de trente ans, lors des dernières attaques de la Russie, les armées des czars vinrent jusque dans Andrinople, à deux pas de la capitale de cet empire que vous devez défendre... Ne vous abusez pas sur les forces de la Turquie, sur le nombre de ses armées, qui sont bien peu de chose auprès des rudes soldats de la Russie, et si vos intentions sont franches, agissez avec vigueur, et ne craignez pas de faire recouvrer à la Turquie ses frontières indignement violées..... Si l'une de ces deux puissances, forcée aujourd'hui à ménager ses relations extérieures, hésite et ne veut pas frapper de vive force, que l'autre, et plus libre, et plus sûre, agisse seule, et l'histoire lui tiendra compte un jour de cet acte de désintéressement et de haute politique. Ce qu'il lui faut, ce qu'il leur faut aujourd'hui, c'est de voir les armées russes refoulées au delà du Danube et du Pruth ; ce où elles doivent surtout viser, est d'arracher le divan à l'influence du cabinet de Saint-Pétersbourg. Que cette œuvre s'accomplisse aujourd'hui, ce sera déjà beaucoup, ce sera en préparer une bien plus grande, et quand enfin le moment sera venu [1] pour l'empire des Turcs de disparaître en entier, alors ces deux puissances unies, l'Angleterre et la France, pourront, dans leur intérêt commun, dans l'intérêt des peuples, laisser Constantinople aux mains d'un peuple chrétien libre et indépendant, placé sous leur seule influence, et dont le territoire sera dans l'ordre politique comme le territoire de la Suisse, un territoire neutre.....

[1] Ce moment, en effet, arrivera inopinément par la marche naturelle de la civilisation moderne, par la loi naturelle du progrès ; et sans vouloir faire le prophète, j'oserai avancer que l'empire des Turcs tombera, si ne n'est sous les coups, du moins délaissé, et fatalement délaissé par les puissances qui le soutiennent aujourd'hui, sans que la Russie ose alors s'aventurer à sa défense et tâcher de retenir ainsi une dernière fois cette conquête qu'elle se croit déjà assurée..... Il lui faudrait essuyer de trop fortes tempêtes. — Quand je dis que les puissances qui la soutiennent aujourd'hui la délaisseront, je me fonde sur la conduite où les entraîna nécessairement la lutte des Grecs en 1830. Pouvaient-elles faire autre chose que ce qu'elles firent ?..... Eh bien, qu'on se demande maintenant s'il n'y a pas aussi des peuples sur d'autres frontières de la Turquie à l'égard desquels la France, surtout, et l'Angleterre seront quelque jour fatalement entraînées dans une pareille conduite.

Paris. — Imprimerie de Gustave Gratiot, rue Mazarine.

www.ingramcontent.com/pod-product-compliance
Lightning Source LLC
Chambersburg PA
CBHW061343050726
47595CB00005B/2057